BEI GRIN MACHT SICH IHR WISSEN BEZAHLT

- Wir veröffentlichen Ihre Hausarbeit,
  Bachelor- und Masterarbeit

- Ihr eigenes eBook und Buch -
  weltweit in allen wichtigen Shops

- Verdienen Sie an jedem Verkauf

Jetzt bei www.GRIN.com hochladen
und kostenlos publizieren

Bibliografische Information der Deutschen Nationalbibliothek:

Die Deutsche Bibliothek verzeichnet diese Publikation in der Deutschen National-
bibliografie; detaillierte bibliografische Daten sind im Internet über http://dnb.d-
nb.de/ abrufbar.

Impressum:

Copyright © 2000 GRIN Verlag, Open Publishing GmbH
Druck und Bindung: Books on Demand GmbH, Norderstedt Germany
ISBN: 9783638723176

Dieses Buch bei GRIN:

http://www.grin.com/de/e-book/12586/moeglichkeiten-und-methoden-des-computer-
supported-cooperative-work-cscw

Mark-Oliver Würtz

Möglichkeiten und Methoden des 'Computer Supported Cooperative Work' (CSCW)

GRIN Verlag

GRIN - Your knowledge has value

Der GRIN Verlag publiziert seit 1998 wissenschaftliche Arbeiten von Studenten, Hochschullehrern und anderen Akademikern als eBook und gedrucktes Buch. Die Verlagswebsite www.grin.com ist die ideale Plattform zur Veröffentlichung von Hausarbeiten, Abschlussarbeiten, wissenschaftlichen Aufsätzen, Dissertationen und Fachbüchern.

Besuchen Sie uns im Internet:

http://www.grin.com/

http://www.facebook.com/grincom

http://www.twitter.com/grin_com

"COMPUTER SUPPORTED COOPERATIVE WORK" (CSCW)

HAUSARBEIT

Hochschule Bremen
Fachbereich Wirtschaft

Studiengang Betriebswirtschaft (FB9)

Hausarbeit im Fach Informatik
WS 1999/2000

vorgelegt von :   Mark-Oliver Würtz

Stuhr, 11.02.2000

Inhaltsverzeichnis

1. Einführung

„*COMPUTER SUPPORTED COOPERATIVE WORK*" (CSCW), bedeutet computergestützte Gruppenarbeit und wird als Workgroup Computing bezeichnet. Vorliegende Hausarbeit gibt einen groben Überblick über die Möglichkeiten und Methoden der computergestützten Gruppenarbeit, des elektronischen Datenaustausches und der internen Geschäftsprozesse, die alle stark miteinander verbunden sind. Es wird dabei nicht zu sehr ins Detail gegangen, um nicht den Rahmen dieser Hausarbeit zu überschreiten. Elementare Internet-Grundkenntnisse des Lesers werden dabei vorausgesetzt.

Gruppenmitglieder der computergestützten Gruppenarbeit können zu verschiedenen oder gleichen Zeiten an einer gemeinsamen Aufgabe arbeiten und sich dabei an verschiedenen oder am selben Ort befinden und zu verschieden oder zu gleichen Unternehmen gehören.[1]

2. Electronic Data Interchange

2.1 Die Entstehung von Electronic Data Interchange (EDI)

Die ersten Anwendungen von Electronic Data Interchange (EDI) finden sich in den sechziger Jahren in Großbritannien und Nordamerika. Einzelne Branchen entwickelten dort erste Kommunikationsformen, um geschäftliche Daten zwischen rechtlich selbständigen Unternehmen auszutauschen. Das LACES-System kann hier als eine Pionieranwendung von EDI, für die Kommunikation von Cargo-Informationen am Flughafen Heathrow, genannt werden. Erste elektronische Kommunikationsbeziehungen entstanden aber auch innerhalb einzelner Konzerne und können sich daher auch als EDI bezeichnen lassen. Eine immer schneller werdende Weiterentwicklung von Informations- und Kommunikationstechnologien hatte zur Folge, daß immer leistungsfähigere, anwendungsfreundlichere und preiswertere Hard- und Softwaresysteme entwickelt wurden. Durch diese Entwicklung ist es heute daher kaum noch denkbar, unternehmensinterne Geschäftsprozesse ohne die Unterstützung von elektronischen Informations- und Kommunikationssystemen abzuwickeln.[2]

2.2 Die Merkmale von Electronic Data Interchange (EDI)

Das Internet gilt bekanntlich als das „Netz der Netze". Es verbindet weltweit andere Netze und mittels verschiedener Protokolle auch eine Reihe von Anwendungsdiensten. Allen voran ist hier das World Wide Web (WWW) zu nennen. Rechnernetze sind hierbei die wichtigste Nutzungsform, bei der Vermittlungsnetze für die Datenkommunikation verwendet werden. Bei einem Rechnernetz werden unabhängige Computer durch ein Netz miteinander verbunden. Es wird hierbei zwischen Weitverkehrsnetzen (WAN = Wide Area Network), bei denen die Rechner an verschiedenen geographisch entfernten Orten stehen und

---

[1] Vgl. Stahlknecht / Hasenkamp: Einführung in die Wirtschaftsinformatik, 1997, S. 451 f.
[2] Vgl. Niggl: Die Entstehung von Electronic Data Interchange Standards, 1994, S. 6.

lokalen Rechnernetzen (LAN = Local Area Network), bei denen sich die Rechner am selben Standort befinden, unterschieden. In beiden Fällen kann die Kommunikation entweder zwischen Geschäftspartnern oder innerhalb eines Unternehmens, betrieben werden. Eine unternehmensübergreifende und strukturierte Form der Kommunikation wird als Electronic Data Interchange (EDI) bezeichnet.[3] Ein Bestreben und somit wesentliches Ziel war hierbei die hard- und softwareunabhängige Weiterverarbeitbarkeit empfangener Daten im System des Empfängers.[4]

Als wesentliche Merkmale von EDI sind vorwiegend standardisierte Routinevorgänge wie Bestellungen, Rechnungen, Überweisungen, Mahnungen, etc. zu nennen. Die Vorläufer dieses heute schon fast zum Standard gewordenen elektronischen Datenaustausches sind der klassische Datenaustausch von Belegen (Rechnungen, Bestellscheine, Lieferscheine, Überweisungsformulare, Krankenscheine, etc.) und der Datenträgeraustausch mit Magnetbändern oder Disketten.[5]

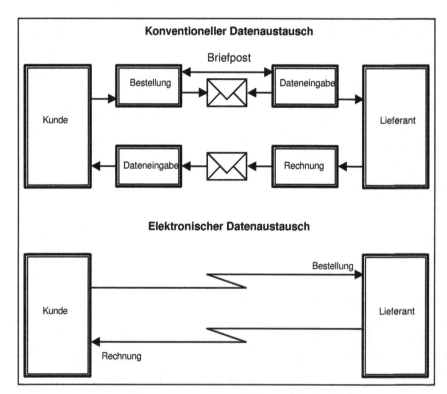

Abbildung 1: Konventioneller und elektronischer Datenaustausch
[Quelle: Stahlknecht / Hasenkamp: Einführung in die Wirtschaftinformatik, S. 417]

---

[3] Vgl. Stahlknecht / Hasenkamp: Einführung in die Wirtschaftsinformatik, 1997, S. 115.
[4] Vgl. Niggl: Die Entstehung von Electronic Data Interchange Standards, 1994, S. 2.
[5] Vgl. Stahlknecht / Hasenkamp: Einführung in die Wirtschaftsinformatik, 1997, S. 415.

Beim elektronischen Datenaustausch sind Unternehmen verschiedener oder gleicher Branchen beteiligt. Es kommt häufig vor, das die Beteiligten geschlossene Benutzergruppen bilden.

In erster Linie kommen folgende Partner für den elektronischen Datenaustausch in Betracht:

* Lieferanten (Bestellwesen)

* Kunden (Auftragsabwicklung)

* Speditionen (Versand)

* Banken (Elektronischer Zahlungsverkehr)[6]

Die Ziele des elektronischen Datenaustauschs sind:

* Die Vermeidung der wiederholten Erfassung bzw. Eingabe (und dadurch die Reduzierung von Erfassungsfehlern) und der mehrfachen Speicherung bzw. Ablage derselben Daten.

* Die Beschleunigung der Kommunikation hinsichtlich Warenbeschaffung, Belieferung und Zahlungsverkehr zwischen Geschäftspartnern.

* Wettbewerbsvorteile durch schnellere Reaktionsmöglichkeiten auf Ereignisse sowohl im Betriebsablauf als auch auf dem Markt.

* Die engere Einbeziehung von Lieferanten, insbesondere Zulieferern, in die betrieblichen Prozesse.

* Der Abbau von Lagerbeständen durch kurzfristige Bestellungen.

* Die Intensivierung der Kundenbetreuung und damit eine stärkere Bindung der Kunden an das Unternehmen.

Es werden nicht nur Zeit-, sondern auch Personal- und Kosteneinsparungen erwartet. Der elektronische Datenaustausch bedeutet praktisch die unternehmensübergreifende Ausweitung der betrieblichen Arbeitsabläufe und Geschäftsprozesse.[7]

2.3 Vom EDI-Regelwerk zum EDI-Standard

Die ersten EDI-Regelwerke wurden Mitte der 70er Jahre veröffentlicht. Es entstanden zahlreiche Insellösungen, da es zur damaligen Zeit an allgemeinen Regelungen und Normen fehlte. Damals einigten sich die Kommunikationspartner

---

[6] Vgl. Stahlknecht / Hasenkamp: Einführung in die Wirtschaftsinformatik, 1997, S. 415 f.
[7] Vgl. Stahlknecht / Hasenkamp: Einführung in die Wirtschaftsinformatik, 1997, S. 416.

bilateral auf ein gemeinsames Datenformat. Diese bilateralen Vereinbarungen enthielten Absprachen über die anzuwendenden Nachrichtenstrukturen und Datencodes. Es entwickelten sich im Laufe der Zeit branchenspezifische, teilweise auch nationale branchenübergreifende Spezialstandards, die aus den Bedürfnissen spezieller Branchen entstanden. Es fand somit keine internationale Koordination innerhalb der unterschiedlichen Industrienormen statt.[8]

2.3.1 Nationale EDI-Standards

Nationale EDI-Standards kennzeichnen sich durch einen national beschränkten Nutzerkreis. Die Pflege und Wartung des EDI-Standards wird hierbei von einer Verbandsorganisation vorgenommen. In Deutschland gibt es zum Beispiel die EDI-Standards SEDAS und VDA. SEDAS (Standardregelungen Einheitlicher Datenaustausch-Systeme) hat seinen Wirkungskreis in der Konsumgüterindustrie und wurde 1977 entwickelt. Die Basis von SEDAS bildet die internationale Artikelnummerierung (EAN), die Betriebsstellennumerierung (BBS) und die bundeseinheitliche Betriebsnumerierung (BBN). Die Empfehlungen der VDA (Verband der Deutschen Automobilindustrie) werden hauptsächlich von den deutschen Automobilherstellern und ihren Zulieferern eingesetzt und umfassen unter anderem Lieferabrufe, Rechnungen und Lieferscheine. Als weitere Nutzer dieses Datenaustausches können auch Maschinenbauunternehmen aus anderen Branchen genannt werden.

Vorteile der nationalen EDI-Standards sind die Anpassung der Nachrichtentypen auf die individuellen Bedürfnisse der Branche und die relativ kurze Entwicklungszeit neuer Nachrichtentypen. Die Entwicklung von nationalen EDI-Standards kann historisch aus der Notwendigkeit der Bildung von Kommunikationsabsprachen abgeleitet werden, ist aber heute durch die zunehmend global agierenden Unternehmen nicht mehr zeitgemäß.[9]

2.3.2 Internationale EDI-Standards

Neben den nationalen EDI-Standards wie SEDAS und VDA, entstanden auch internationale industriespezifische EDI-Normen, zu denen unter anderem ODETTE, SWIFT und RINET gehören. Bei ODETTE (Organisation for Data Exchange by Teletransmission in Europe) handelt es sich um eine EDI-Norm, die von der europäischen Automobilindustrie genutzt wird. Bei SWIFT (Society for Worldwide Interbank Financial Telecommunication) handelt es sich um das Zahlungstransfersystem der Banken, welches gleichzeitig die älteste Form des elektronischen Datenaustausches ist. RINET (Reinsurance and Insurance Network) ist dagegen die eigene EDI-Norm der Versicherungsbranche.[10]

---

[8] Vgl. Georg / Gruber: Elektronischer Geschäftsverkehr, 1995, S. 21.
[9] Vgl. Georg / Gruber: Elektronischer Geschäftsverkehr, 1995, S. 21 ff.
[10] Vgl. Georg / Gruber: Elektronischer Geschäftsverkehr, 1995, S. 22 ff.

2.3.3 EDIFACT – weltweite und branchenunabhängige Norm für den Austausch von Geschäftsdokumenten

In den 70er Jahren erkannte man bereits auf internationaler Ebene die Notwendigkeit einer weltweiten Normierung von elektronischem Datenverkehr bzw. Geschäftsdokumenten. Die UN/ECE (Economic Commission for Europe of the United Nations = Wirtschaftskommission für Europa innerhalb der Vereinten Nationen) bildete darauf hin eine Arbeitsgruppe zur „Erleichterung von Verfahren im internationalen Handel". Die Aufgabe dieser Arbeitsgruppe bestand darin, eine weltweit branchenunabhängige Norm zu entwickeln. Nach der Entwicklungsphase von mehreren Jahren entstand schließlich UN/EDIFACT (United Nations / Electronic Data Interchange for Administration, Commerce and Transport). Diese UN/ECE-Empfehlung wurde daraufhin im März 1987 in Genf veröffentlicht. EDIFACT wurde inzwischen zu einer DIN-Norm[11] und ISO-Norm[12] erhoben und beinhaltet heute sehr viele Nachrichtenformen als Normen.[13]

2.3.4 EDIFACT-Subsets

Die vielseitige Interpretierbarkeit und Komplexität von EDIFACT führte dazu, daß sich der Standard anfangs nur sehr zögerlich verbreitete. Die Branchen, die sich für die Nutzung von EDIFACT interessierten (z. B. Elektroindustrie, Chemieindustrie, Baustoffhandel, etc.) waren somit gezwungen, in mühevoller Kleinarbeit die Bedeutungen der einzelnen Segmente und Elemente zu ergründen und diese zu dokumentieren, um so anschließend diese auf die speziellen Anforderungen der Branche zu reduzieren. Es entstanden durch diese Vorgehensweise viele branchen- und firmenspezifische Untermengen, die sogenannten EDIFACT-Subsets[14]. Diese Empfehlungen sind exakt EDIFACT-konform, also syntaktisch gleich. Der Unterschied besteht nur darin, daß bei EDIFACT-Subsets auf verschiedene Segmente verzichtet oder deren Wiederholungsmöglichkeit reduziert. Der Nachteil, der einzelnen Subsets ist, daß sie sich untereinander nicht verstehen (d. h. inkompatibel) sind.

2.3.5 EDI-Anwender im Überblick

Mit folgender Tabelle soll ein kleiner Überblick über die Anwender von EDI und deren EDI-Nachrichtenformate gegeben werden, der aber nicht den Anspruch auf Vollständigkeit erhebt. Die EDI-Systeme sollen an dieser Stelle nicht näher erklärt werden. Es soll lediglich die Vielfältigkeit an Systemen dargestellt werden:

---

[11] Deutsches Institut für Normung, Berlin
[12] International Standardazation Organisation, internationale Normierungsbehörde
[13] Vgl. Deutsch: Unternehmenserfolg mit EDI, 1995, S. 39 ff.
[14] „Ein Subset eines EDIFACT-Nachrichtentyps ist eine Nachricht, die direkt von einem verabschiedeten EDIFACT-Nachrichtentyp abgeleitet ist und dieselbe Funktion erfüllt .....", vgl. Deutsch: Unternehmenserfolg mit EDI, 1995, S. 46.

BRANCHE	EDI-SYSTEM / Subset
Automobilindustrie	VDA, ODETTE
Konsumgüterindustrie	SEDAS, EANCOM
Kosmetik- u. Parfumindustrie	EDICOS
Baustoffhandel	EDIBRB
Möbelindustrie u. handel	EDIFURN
Papierindustrie	EDIPAP
Chemische Industrie	EDIFACT, CEFIC
Elektroindustrie	EDIFICE
Baubranche	GAEB, DATANORM
Transportgewerbe	BSL
Textilindustrie	EDIFASHION, EDITEX
Bürowirtschaft	EDIOFFICE
Pharmaindustrie u. großhandel	PHOENIX
Weiße Ware	EDIWHITE
Zollbehörden	ALPHADUANE
Eisen- u. Stahlindustrie	EDIFER
Weinhersteller u. –handel	EDIVIN
Gesundheitswesen, Medizin	EMEDI
Banken	SWIFT
Stadtverwaltungen	EDICITIES
Versicherungsbranche	RINET
Energiewirtschaft	OEDIPE
Bibliotheken u. Buchhandlungen	EDILIBE

Tabelle 1: EDI-Anwender und deren Nachrichtenformaten
[Quelle: Deutsch: Unternehmenserfolg mit EDI, 1995, S. 9 ff, S.47;
Stahlknecht / Hasenkamp: Einführung in die Wirtschaftsinformatik, 1997, S. 417 ff.]

2.4 Vor- / Nachteile und Risiken des Einsatzes von EDI

2.4.1 Vorteile von EDI

Geschäftsabläufe bzw. –prozesse von Unternehmen werden durch den Einsatz von EDI enger miteinander verknüpft.

Folgende Vorteile ergeben sich aus der Nutzung von EDI im Vergleich zum traditionellen Papierversand:

- Die Arbeitszeit wird wesentlich kürzer, so daß auch Personalkosten reduziert werden können.

- Mehr Sicherheit bei der Abwicklung von Geschäftsabläufen (kein Fehler durch die mehrfache manuelle Eingabe, kein Verlust von Daten) und die Möglichkeit der automatisierten Prüfung.
- Kosten für Telefon, Material, Porto, etc., können verringert werden.

- Laufzeitverkürzung, mit der Möglichkeit zur Reduzierung der Lagerkapazität.

8

- Kürzere Reaktionszeiten und effizientere Geschäftsabwicklung.

- Erhöhung des Service gegenüber Kunden und Lieferanten.

2.4.2 Nachteile von EDI

EDI bringt wesentliche Verbesserung in die Geschäftsprozessabläufe der Unternehmen, hat aber auch einige Schattenseiten:

- Elektronischer Datenverkehr zwischen Unternehmen und Organisationen setzt immer ein hohes Maß an Kompatibilität von Hardware, Software und Übertragungsprozeduren auf beiden Seiten voraus.

- Die Empfängerseite muß über eine entsprechend große Anzahl von Eingangskanälen für die Daten verfügen.

- In den Unternehmen werden durch die Einführung von EDI in der Regel Ablaufveränderungen (Änderung bzw. Anpassung von internen Systemen und Abläufen) notwendig, deren Umsetzung meistens mit sehr hohem Kostenaufwand verbunden ist.

- Hierbei ist noch zwischen einmaligen Kosten (Investitionen in Hard- und Software) für die Einführung von EDI und den laufenden Kosten (Software-Pflege, Wartung, Netzwerkkosten) für den Betrieb des EDI-Systems, zu unterscheiden.[15]

2.4.3 Risiken von EDI

Der EDI-Nutzung wird häufig mit Vorsicht begegnet, da dabei im Vergleich zum Papierversand bislang nicht gekannte Gefahren auftreten. Einige Schwachstellen sollen nachfolgend genannt werden:

- Abhören von Daten, die Rückschlüsse auf Geschäftspartner und den Umfang der Geschäftsbeziehung ermöglichen.

- Gefährdung zeitkritischer Transaktionen durch die Verzögerung von Nachrichten.

- Elektronische Nachrichten können verändert oder gelöscht werden, so daß es zu einem fehlerhaften Leistungsaustausch kommen kann.

- Es kann zu einer Beeinträchtigung des Geschäftsdatenflußes kommen, wenn die Netzverfügbarkeit nicht gewährleistet oder gestört ist.[16]

---

[15] Vgl. Schwarzer / Krcmar: Wirtschaftsinformatik, 1996, S. 203.
[16] Vgl. Schwarzer / Krcmar: Wirtschaftsinformatik, 1996, S. 204.

3. E-Commerce

Der Begriff Electronic Commerce oder E-Commerce ist noch sehr jung, da er erst in den vergangenen Jahren entstanden ist und mehr und mehr an Bedeutung gewonnen hat. Durch die rasante Entwicklung im Internet und die dadurch entstandene Kommerzwelle ist dieser Begriff geprägt worden. In diesem Abschnitt wird der Begriff E-Commerce und dessen Merkmale und Ziele erklärt. Da einige Teile dieser Arbeit schon E-Commerce Bereiche umfassen, werden darum hier vorwiegend Werbemöglichkeiten und Online-Shoppingsysteme vorgestellt.

E-Commerce bedeutet, Dienstleistungen und Produkte über Datennetze (Internet) abzuwickeln und zu vertreiben. Durch die stark anwachsende Zahl von neuen Internet-Nutzern ist ein gewaltiger neuer Markt entstanden.

Länder	1996: 23 Millionen Nutzer	2000: 66 Millionen Nutzer
Nordamerika	66 %	58 %
Europa	16 %	25 %
Asien	14 %	15 %
Andere	4 %	2 %

Tabelle 2: Zahl der Haushalte mit direktem privaten Internetzugang
[Quelle: Krause: Electronic Commerce und Online Marketing, 1999, S.22]

E-Commerce findet im Business-to-Consumer (Geschäftsverkehr zwischen Anbietern und Endverbrauchern) und im Business-to-Business (Geschäftsverkehr zwischen Unternehmen) Bereich statt. Bei Business-to-Consumer stehen verkaufsorientierten Bereiche Vertrieb und Marketing im Vordergrund. Das bereits erwähnte Electronic Data Interchange (EDI) ist auch weitestgehend dem Business-to-Business Bereich zuzuordnen.[17]

E-Commerce ist nicht mit dem Begriff E-Business zu verwechseln, der den Oberbegriff für den gesamten elektronischen Geschäftsprozeß, der über Datennetze läuft, darstellt. E-Commerce ist lediglich ein wesentlicher Bestandteil von Electronic Business (elektronisches Geschäft).

3.1 Merkmale von E-Commerce

Electronic Commerce baut auf eine Reihe von mehren technischen Prinzipien, die miteinander verknüpft sind, auf. Es handelt sich dabei um Datenbanksysteme zur Speicherung und zum selektiven Abruf der vorhandenen Informationen, um Kommunikationsnetze für den Datenaustausch zwischen Multimedia (dynamische Medientypen wie z. B. Audio, Video und statischen Typen wie Texten und Grafiken) und einzelnen elektronischen Systemen. Für E-Commerce wird das Hypertext-Prinzip (http / Hypertext Transfer Protocol) verwendet, wie es auch beim Internet Anwendung findet.

---

[17] Vgl. Thome / Schinzer: Electronic Commerce, 2000, S. 4.

Wenn Geschäftsprozesse über das Internet oder andere Netzwerke abgewickelt werden und die genannten technischen Prinzipien zu immer neuen Ausprägungsformen des E-Commerce kombiniert werden, so verspricht dies Effizienzgewinne für die Unternehmen. Kunden- und Partnerunternehmen profitieren durch die Erhöhung des Produktnutzens oder durch die Senkung ihres Aufwands. Kleineren Unternehmen kann E-Commerce somit die Teilnahme am globalen Wettbewerb erleichtern.[18]

3.2 Betriebswirtschaftliche Ziele von E-Commerce

Durch die rasante Verbreitung des World Wide Web haben die Unternehmen das Internet als Informations- und Marketingplattform entdeckt und schätzen gelernt. Bei vielen Dienstleistungen und Gütern ist das Internet nicht nur als Werbemedium interessant, sondern es unterstützt gerade die betriebswirtschaftlichen Ziele in den Hauptbereichen Einkauf, Absatz und Produktion. Viele betriebswirtschaftliche Effekte sind hier realisierbar. Effekte können die Steigerung des Unternehmensimages, die Reduktion von Kosten und die Verbesserung von Kundenbeziehungen sein. Durch die hohe Angebotsdichte an sehr guten Internet-Präsenzen ist die Verbesserung des Images aber nur noch schwer erreichbar, da funktionsfähige Lösungen als Selbstverständlichkeit erwartet werden. Umgekehrt kann eine mangelhafte Internet-Präsenz dem Image eines Unternehmens stark schädigen. Die meisten Unternehmen orientieren sich deshalb an den Möglichkeiten der Senkung von Kostenstrukturen.[19]

3.3 Shopsysteme und Portalstrategien

Der Online-Shop ist das Herzstück eines elektronischen Vertriebes. Online-Shops sind meistens über die eigene Internet-Domain (Adresse) oder eine Unteradresse (Subdomain) der Unternehmenswebsite erreichbar. Die Startseite eines Online-Shops verfügt meist über einen baumartig aufgebauten Produktkatalog und ein Warenkorbsystem. Eine Produktsuche über Stichworteingabe kommt noch hinzu, wenn es sich um eine größere Anzahl von Produkten handelt. In einem Produktkatalog finden sich verschiedene Haupt- und Untergruppen, zu denen jeweils Produkte zugeordnet sind. Die Produkte sind dann typischerweise zu mehreren in Listenform dargestellt und werden nach einer Auswahl einzeln mit detaillierter Beschreibung und Abbildung angezeigt.

Der Kunde hat nun die Möglichkeit, in einen virtuellen Warenkorb seine Produkte zu legen, und sich weiter im Shop zu bewegen. Wie in einem richtigen Supermarkt kann der Kunde dann Artikel in seinen elektronischen Einkaufswagen legen, wieder entnehmen und letztendlich mit dem Wagen zur Kasse gehen. Er kann nun bezahlen oder den Einkaufswagen einfach stehen lassen und den Laden verlassen. Nach dem Einkauf wird der Kunde nach seiner Adresse und Anschrift gefragt und muß diese dann noch einmal bestätigen. Die Zustellung der bestellten Waren erfolgt (bei nicht digitalisierbaren Gütern) klassisch per Post oder Paketdienst.

---

[18] Vgl. Bliemel / Fassot / Theobald: Electronic Commerce, 1999, S. 4.
[19] Vgl. Thome / Schinzer: Electronic Commerce, 2000, S. 5 ff.

Abbildung 2: Startseite des Siemens Online-Shops
[Quelle: http://www.pc-werksverkauf.de]

Abbildung 3: Warenauswahl für den Einkaufskorb
[Quelle: http://www.pc-werksverkauf.de]

Unter einem Internetportal versteht man eine Internetseite, die als Orientierungshilfe und erste Anlaufstelle beim Weg ins Internet gilt. Die Portalseiten, die der

Internetnutzer in seinem Browser voreingestellt findet, werden dabei am häufigsten frequentiert. Onlinedienst-Anbieter sind deshalb am meisten daran interessiert, daß ihre Seite beim Internetzugang gestartet wird. Deshalb ist es auch nicht verwunderlich das http://www.t-online.de durch den automatischen Start zu den am häufigsten frequentierten Seiten im deutschen Internet gehört.

Neben den voreingestellten Seiten kämpfen auch noch spezialisierte Portalseitenbetreiber um die Aufmerksamkeit der Nutzer. Diese Portale sind häufig Suchmaschinen (z. B. http://www.yahoo.de oder http://www.lycos.de) und sollen durch ihre praktische Suchfunktion Nutzer anziehen.

Alle Portalbetreiber haben eines gemeinsam. Sie orientieren sich alle zunehmend mehr in Richtung E-Commerce und haben in vielen Fällen sogar Shoppingverzeichnisse. Solche Auflistungen von Anbietern können kostenlos (http://www.shop.de oder http://www.shopfinder.de) oder kostenpflichtig (http://shopping.t-online.de) sein.

Wenn Portalseiten eine hohe Popularität genießen, kann eine Werbepräsenz eine Besucherfrequenzsteigerung und damit zu einer Erhöhung der Käuferzahl führen.[20]

3.4 Werbeformen im Internet

Das Internet bietet eine Vielzahl von verschiedenen Werbemöglichkeiten. Die Grundmodelle der Internet-Werbung werden im folgender Übersicht zusammengefaßt.

- Autoresponder

  Von einem Autoresponder werden eingehende E-Mails sofort mit allgemeinen Informationen beantwortet.

- Buttons

  Buttons sind keine Signets oder Werbeflächen mit Logos, die z. B. die Verwendung einer bestimmten Marke anzeigen.

- Badges

  Abzeichen - die Werbeform der Awards. Kaum entwickelt und am ehesten mit den Buttons vergleichbar.

- Textlinks

  Links werden im Fließtext bestimmter Werbeseiten eingebaut und führen dann auf beworbene Seiten.
- Opt – In eMail

---

[20] Vgl. Thome / Schinzer: Electronic Commerce, 2000, S. 5 ff.

E-Mails im HTML-Format, die mit optischen Aufreißern (Eye-Catchern) aufgepeppt) sind.

- Usenet Postings

Beiträge mit offenen und versteckten werblichen Charakter im Usenet.

- Newsletter

Nachrichtendienste, die regelmäßig per E-Mail verschickt werden und Werbebotschaften in Form von integrierten Anzeigen enthalten.

- Listsponsoring

Betrieb einer Mailinglist zu einem bestimmten Thema zum preiswerten Unterbringen von Eigenwerbung.

- (HTML)-Banner

Die typische Werbeform eines Banners: Eine animierte Grafik im Gif-Format (es kann statt Grafik auch ein HTML-Code verwendet werden), die den genormten Platz durch interaktive Elemente intensiv nutzt.

- Signature Files

Dateien können downloaded werden, wobei den Dateien werbliche Informationen beigelegt werden.

- Sponsorships

Sponsoring bestimmter Internet-Seiten. Dies können z. B. ein gemeinnütziger Verein oder bestimmte Initiativen mit großer Publikumswirkung sein.

- Giveaways

Shareware oder Informationen werden dem Sitebesucher als Zusatznutzen (Goodie) mitgegeben.

- Microsites

Hierbei handelt es sich um eine komplette Site mit einer bestimmten Aufgabe als schwebendes Zusatzfester, als Site-in-Site innerhalb einer größeren Seite oder im Bannerformat.

- Listenmoderation

Stark besuchte Listen (siehe Mailinglisten und Listsponsoring) werden von Werbetreibenden moderiert.
- Audiobanner

Es handelt sich hierbei um eine einzelne Datei im Wav-Format als Werbespot, die als akustisches Banner im HTML-Code oder als Hintergrundsound fungiert.

- Datenbankintegration

Bei Suchanfragen an Datenbanken werden zusätzlich zum Suchergebnis einige Werbeinformationen mit ausgegeben. Suchmaschinen wie z. B. Lycos wenden dieses Prinzip an.

- Syndicated Content

Internet-Seiten werden hierbei zu einer Art Ring (Syndicate / Webring) zusammengeschlossen, indem sie einen zentralen Inhalt (Content) zusätzlich zu den eigenen Informationen anbieten. Das können z. B. tägliche Nachrichten eines Themas oder einer Branche sein.

- Co-Branding

Die eigenen Seiten laufen im Design und Werbeblock größerer Seiten mit.

- eMail-Coupons

Per E-Mail werden exklusive Zugriffsmöglichkeiten verteilt.

- Communities

Bildung von Gemeinschaften.

- Chat Rooms

Online Diskussionen zu bestimmten Themenbereichen, bei denen Teilnehmer im direkten Kontakt zueinander stehen.

- Foren

Im Internet oder Usenet gibt es viele Diskussionsgruppen mit nicht synchroner, offener Diskussion. Die Teilnehmer haben auch die Möglichkeit, Werbebotschaften abzusenden. Beachtenswert dabei ist, daß Werbung in den meisten öffentlichen Foren nicht erlaubt ist.

- FAQs

Fragen und Antworten (FAQ bedeutet Frequently Asked Questions – Häufig gestellte Fragen). Da die FAQ-Listen als Informationsquelle sehr begehrt sind, lassen sie sich sehr gut mit passenden Werbebotschaften kombinieren.

- e-Zine Publikationen

Unterhaltungsblätter mit Publikationen und Elektronische Magazine, die redaktionelle Inhalte und Werbung beinhalten.

- Interstitials

Ähnlich wie bei Intermercials, aber hier ist das gesamte aktive Browserfenster geöffnet und der Nutzer von einer „Werbeunterbrechung" heimgesucht, die dann einige Sekunden später wieder verschwindet und den eigentlich angeforderten Link freigibt.

- PopUp-Advertisements

Wie bei den Intermercials, nur das ein zusätzliches Fenster geöffnet wird. Der Inhalt dem normaler Internet-Seiten (HTML und Grafik).

- Search Engine Optimierung

Internet-Seiten können hier gleichzeitig bei vielen Suchmaschinen angemeldet werden (spart viel Zeit). Dieser Anmeldeservice ist natürlich auch mit diversen Werbungen ausgestattet.

- eMail-Kurse

Von Dozenten werden regelmäßig Kurse per E-Mail abgehalten. Werbeanzeigen werden dann an die täglich versendeten und verlangten Informationen angehängt.

- Ad Navigation Bars

Hierbei werden die Werbeinformationen in die essentiell notwendige Navigationsleiste einer Internet-Seite integriert.

- Affiliate Systems

Hierbei handelt es sich um Partnerprogramme, bei dem eine zentrale Seite Kontrolle, Betrieb und Steuerung übernimmt und viele Partner mit eigenem Design virtuelle Ableger der Seite betreiben.[21]

---

[21] Vgl. Höcker / Hundt: Einführung i. d. ERP-Software anhand des „SAP R/3"-Systems, 2000, S. 368 ff.

4. Interne Geschäftsprozesse

4.1 Konferenz-Systeme

Die Beteiligten an Konferenz-Systemen befinden sich meistens an geographisch voneinander entfernten Orten (Telekonferenz). Mit diesen Systemen können Arbeitszeiten und Reisen eingespart werden.

Unter dem Oberbegriff Konferenz-Systeme befinden sich folgende Systeme:

- Computer-Konferenz:

  Nutzung von Internetdiensten (insbesondere WWW-Seiten) eMail-Diensten (Electronic-Mail) und Bulletin Board Systemen (Austausch von Texten auf virtuellen „Schwarzen Brettern").

- Fernsprech-Konferenz:

  Bei der Fernsprech-Konferenz (auch Audio-Konferenz genannt), können sich die Teilnehmer zur gleichen Zeit hören, aber nicht sehen (reine Sprachkommunikation). Audio-Konferenzen sind mit allen TK-Anlagen durchführbar.

- Video-Konferenz:

  Die Teilnehmer können sich zur gleichen Zeit hören und sehen und somit auch Dokumente, Grafiken oder andere Materialien betrachten. Beispiele hierfür sind Bildtelefone oder Video-Sessions mit sogenannten Webcams (Netzkameras).

- Dokumenten-Konferenz:

  Teilnehmer dieser Konferenzform (die auch Desktop Conferencing und Shared Conferenzing) können sich (in Form von Zweier oder Multikonferenzen) über den Bildschirm an ihren Arbeitsplätzen zur gleichen Zeit hören und sehen. Zusätzlich kann noch gemeinsam mit demselben Bürowerkzeug interaktiv Dokumente bearbeitet oder erstellt werden.[22]

4.2 E-Mail

Im Rahmen der elektronischen Kommunikation werden verschiedenste Arten von Materialien zwischen den Kommunikationspartnern abgestimmt. Beispiele hierfür sind Berichte, Akten, Verträge, Konstruktionszeichnungen, Grafiken, etc.. Ein wichtiger Dienst für den elektronischen Versand dieser Dokumente ist Electronic Mail (E-Mail).

Unter elektronischer Post (E-Mail) versteht man die Versendung von schriftlichen Mitteilungen auf elektronischen Wege. Am Bildschirm werden die Mitteilungen

---

[22] Vgl. Stahlknecht / Hasenkamp: Einführung in die Wirtschaftsinformatik, 1997, S. 452 ff.

durch den Absender eingegeben und über Wahl- oder festgeschaltete Leitungen an einen oder mehrere Empfänger versandt. Beim Empfänger werden die versendeten Dokumente in einer elektronischen Eingabe (Eingangskorb) , einem elektronischem Postkorb (electronic mailbox), zwischengespeichert, bis der Empfänger die Nachricht abgerufen, verwendet oder gelöscht hat. E-Mail unterstützt durch diesen einfachen und schnellen Nachrichtenversand die arbeitsteiligen Prozesse und die Verbesserung der Kommunikation zwischen Mitarbeitern.

Vorteile von E-Mail sind die ständige Erreichbarkeit des Empfängers, da die Nachrichten in seine Mailbox geschickt werden. Es ergibt sich dadurch die Möglichkeit des asynchronen (zeitversetzten) Nachrichtenaustausches, wobei der Sender nicht darauf angewiesen ist, daß der Empfänger zum gleichen Zeitpunkt (zeitgleich) am anderen Ende der Leitung sitzt. Es können so weltweit Dokumente mit großer Geschwindigkeit ausgetauscht werden.[23]

Die Nachteile der E-Mail-Systeme liegen in der geringen Integrität, da die Nachrichten nur zwischen den Benutzern ausgetauscht, aber nicht direkt in andere Programme übernommen werden können. Weitere Nachteile sind die Gefahr der Informationsüberflutung wegen mangelnder Filterung relevanter Informationen und die teilweise fehlende bzw. mangelhafte Identifikation von Empfängern anhand ihrer falschen oder nicht gemachten Angaben (anonyme Mails).[24]

4.3 Entscheidungs- und Sitzungsunterstützung

Sitzungen nehmen in der heutigen Zeit einen immer größeren Teil unserer Arbeitszeit in Anspruch. Es ist deshalb wichtig, in Sitzungen viele brauchbare Ergebnisse in kürzester Zeit zu erzielen.

Bei der Entscheidungs- und Sitzungsunterstützung hat jeder Sitzungsteilnehmer einen vernetzten PC vor sich stehen, auf dem eine spezielle Sitzungssoftware installiert ist. Es kann nun eine Frage gestellt werden, die gemeinsam mit den Sitzungsteilnehmern beantwortet werden soll. Alle Teilnehmer tippen nun ihre Antworten und/oder Kommentare ein, die dann sofort für alle Teilnehmer sichtbar sind. Es wird in der Regel keine Angabe über den Verfasser gemacht.

Die Sitzungsteilnehmer können so ihre Beiträge zum vorgegeben Thema parallel (und wenn gewollt) vollkommen anonym abgeben. Es kommen dadurch zum einen sehr schnell viele Ideen zusammen, zum anderen können alle Beteiligten ihre Ideen gleichberechtigt abgeben. Wenn die Ideen gemeinsam strukturiert werden, schafft dieses ein gegenseitiges Verständnis. Durch die Hilfe von verschiedenen Abstimmungswerkzeugen können Entscheidungen herbeigeführt oder Meinungsbilder erhoben werden. Die Schritte einer solchen Sitzung werden dabei im System dokumentiert und können in Papierform oder in digitaler Form zur weiteren Bearbeitung mitgenommen werden.[25]

Vorteile von Entscheidungs- und Sitzungsunterstützungssystemen im Überblick:

---

[23] Vgl. Schwarzer / Krcmar: Wirtschaftsinformatik, 1996, S. 143.
[24] Vgl. Schwarzer / Krcmar: Wirtschaftsinformatik, 1996, S. 144.
[25] Vgl. http://www.itm-consulting.de

- Mehr Beteiligung durch Gleichberechtigung und Beseitigung von Hemmschwellen

Jeder kommt zu „Wort" durch einfaches Niederschreiben der Beiträge. Redescheue Teilnehmer haben somit keine Hemmungen mehr, sich in die Sitzung einzubringen, da sie ihre Meinungen und Kommentare einfach schreiben können und nicht gegen dominante Wortführer ankämpfen müssen.

- Synchrones Arbeiten

Alle Sitzungsteilnehmer können gleichzeitig Ideen und Meinungen äußern und weiterverarbeiten. So werden in möglichst kurzer Zeit möglichst viele Meinungsäußerungen der Teilnehmer gesammelt. In kürzerer Sitzungszeit werden somit bessere Ergebnisse erzielt.

- Größere Offenheit durch Anonymität

Die abgegebenen Beiträge können dem Verfasser nur dann zugeordnet werden, wenn er es ausdrücklich wünscht. Dadurch trauen sich die Teilnehmer häufiger, ihre „wirkliche" Meinung zu äußern, was Sitzungsergebnisse oftmals verbessert (Förderung der Kreativität der Teilnehmer). Die Offenheit und Ehrlichkeit der Teilnehmerbeiträge wird somit gefördert.

- Simultan-Protokollierung

Alle Ideen, Beiträge und Abstimmungsergebnisse (Sitzungsergebnisse) werden elektronisch erfaßt und lassen sich als Bericht ausdrucken oder speichern, wodurch sie in weiteren Sitzungen weiter verwendet werden können. Es müssen somit keine Protokolle mehr angefertigt werden.

- Zufriedenheit durch gemeinsame Ergebnisse

Durch gemeinsame Ergebnisse entsteht Zufriedenheit und durch Zufriedenheit entsteht Motivation. Das wird erreicht, indem sich alle Teilnehmer (auch stille Teilnehmer) gleichberechtigt einbringen können und das Resultat einer Sitzung ein gemeinsames Gruppenergebnis ist., in dem sich jeder wiederfindet.[26]

4.4 Workflow Management

Unter dem Begriff „Workflow Management" (Vorgangssteuerung), versteht man die Steuerung des Arbeitsablaufes (Workflow) zwischen allen an der Bearbeitung eines Geschäftsprozesses beteiligten Personen bzw. Arbeitsplätzen. Die Vorgangssteuerung wird durch die Workflow-Managementsysteme unterstützt, indem sie auf Abruf an jedem beteiligten Arbeitsplatz, das zu bearbeitende Dokument, die erforderlichen Maßnahmen (z. B. Weiterleitung an die nächst höhere Instanz) und auszuführenden Tätigkeiten, sowie alle nachfolgenden für die Bearbeitung benötigten Unterlagen (Vorschriften, Verträge, etc.), direkt am Bildschirm anzeigen.

---

[26] Vgl. http://www.itm-consulting.de

Durch Workflow-Managementsysteme sollen die Transportzeiten zwischen den Arbeitsplätzen verkürzt, die Bearbeitungsvorgänge schneller ausgeführt und eventuell Einsparungen beim Botendienst erreicht werden. Betriebliche Vorgänge müssen für den Einsatz eines Workflow-Managementsystems in strukturelle Fälle (Routinearbeiten) und unstrukturelle Fälle aufgeteilt werden. Unterstützt werden durch eine automatisierte Vorgangssteuerung nur die strukturierten Fälle, da sie, wie die Geschäftsprozesse typisch, durch eindeutige Regeln zu beschreiben sind. Beispiele hierfür sind die Bearbeitung von Kreditanträgen bei einer Bank, die Bearbeitung von Schadensanzeigen bei einer Versicherung oder von Beihilfeanträgen im öffentlichen Dienst.[27]

Da sich ein Workflow-Managementsystem auf Standardfälle beschränkt, sind folgende Kriterien für einen Vorgang (Durchführung einer Arbeit, die aus mehreren Arbeitsschritten, an der mehrere Arbeitsplätze beteiligt sind und die nach festen Regeln abläuft) festzulegen:

- die Bearbeiter

- die Art der Tätigkeiten

- die Reihenfolge der Tätigkeiten

- die gegenseitige Abhängigkeit der Tätigkeiten

- die Fristen für den Abschluß der Tätigkeiten bzw. des Vorgangs

- die Verantwortlichkeiten

Die Tätigkeiten lassen zu folgenden Gruppen zusammenfassen:

- Bearbeiten

- Speichern (Ablegen)

- Weiterleiten (Transportieren)

Die Beschreibung der Vorgänge läßt sich mittels Entscheidungstabellen und Rasterdiagrammen umsetzen. Der typische Ablauf besteht aus den Schritten Erfassen, Verteilen, Bearbeiten, Weiterleiten und Ablegen.[28]

4.4.1 Workflowtypen

In Unternehmen treten sehr unterschiedliche Typen von Workflow auf:

---

[27] Vgl. Stahlknecht / Hasenkamp: Einführung in die Wirtschaftsinformatik, 1997, S. 453.
[28] Vgl. Stahlknecht / Hasenkamp: Einführung in die Wirtschaftsinformatik, 1997, S. 454.

- Transaktions-Workflows (wird auch als Production Workflow oder Predetermined Workflow bezeichnet):

  Es handelt sich bei diesem Workflowtyp um häufig und immer gleichartig ablaufende Prozesse, die aus Routineprozessen bestehen und meistens durch dieselben Mitarbeiter ausgeführt wird.

  Beispiele hierfür sind die Bearbeitung von Versicherungsschäden, Kreditvergabe, Reisekostenabrechnung, Urlaubsantragsbearbeitung, etc.)

- Teilstandardisierte Workflows:

  Bei dieser Art von Workflow handelt es sich um eine Kombination aus festdefinierten Abläufen und Gruppenarbeit. Es kann sich dabei um Transaktions-Workflows als Teil von Arbeitsgruppen oder um Transaktions-Workflows mit Arbeitsgruppen in den einzelnen Bearbeitungsschritten handeln.

  Ein Beispiel hierfür könnte die Erstellung eines Jahresberichts sein.

- Ad-Hoc Workflows:

  Bei den Ad-Hoc Workflows handelt es sich um kurzlebige und einmalige Prozesse, die oft spontan, dringend und oftmals vertraulich sind.

  Ein Beispiel hierfür ist eine Marktanalyse zur Beschaffung eines neuen und teuren Großgerätes oder einer neuen Softwarelösung für das Unternehmen.[29]

4.4.2 Arten von Workflow

Da Workflows über einen geschachtelten Aufbau verfügen, können sie in folgende Arten unterteilt werden:

- Subworkflows: Dieses sind Workflows, die in anderen Workflows verwendet werden.

- Superworkflows: Dieses sind Workflows, die auch Subworkflows enthalten.

- Toplevelworkflows: Dies sind Workflows, bei denen keine weiteren Superworkflows übergeordnet sind.

- Elementare Workflows: Diese befinden sich in der Schachtelung am unteren Ende und beinhalten keine Subworkflows. Sie referenzieren nur Applikationen.

- Komposite Workflows: Workflows, die noch weitere Subworkflows enthalten.[30]

Nachfolgende Abbildung soll die Beziehungen zwischen den verschiedenen Workflowarten darstellen:

---

[29] Vgl. Schwarzer / Krcmar: Wirtschaftsinformatik, 1996, S. 146 ff.
[30] Vgl. Jablonski: Workflow-Management-Systeme – Modellierung und Architektur, 1995, S. 19 ff.

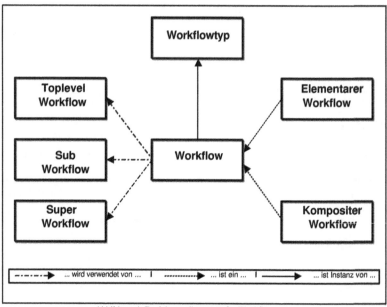

Abbildung 4: Beziehungsdiagramm für Workflows
[Quelle: Jablonski: Workflow-Management-Systeme, S. 21]

4.5 Dokumentenmanagement

Für alle Arten von Verwaltungen ist die Ablage bzw. Archivierung von Akten eine wichtige Aufgabe, da für diese teilweise gesetzliche Aufbewahrungsfristen bestehen. Für solche Dokumente mit nicht-codierten Informationen, sind die klassischen Aufbewahrungsmethoden die Aufbewahrung als Papierform in Aktenordnern oder als Mikrofilm. In den 70er Jahren wurden bereits unter der Bezeichnung „elektronisches Archiv" Systeme angeboten, die Dokumente auf Magnetplatten speicherten. Seit den 80er Jahren arbeiten solche Systeme nur noch mit optischen Speicherplatten. Da die Funktionalität heutiger Archivierungssysteme weit über das Ablegen von Dokumenten hinausgeht, werden sie in der heutigen Zeit Dokumenten-Managementsysteme genannt.

Dokumenten-Managementsysteme befassen sich ganz allgemein mit der Verwaltung nicht-codierter Dokumente bzw. Informationen. Das elektronische Erfassen, Speichern, Verarbeiten, Verteilen, Wiederfinden und Drucken wird als Image Processing (Imaging) bezeichnet. Dokumenten-Managementsysteme werden zu den Groupware-Produkten gezählt, da sie die Vorgangssteuerung erheblich unterstützen können.

Die Dokumente (z. B. Eingangsbriefe) werden zur Erfassung mit Scannern im Original gelesen und am Bildschirm angezeigt. Die Abschnitte, die gespeichert („elektronisch archiviert") werden sollen, können dann durch den Sachbearbeiter

22

ausgewählt werden. Es handelt sich generell um eine bildpunktweise Eingabe und Speicherung nicht-codierter Daten. Wenn eine Information gesucht wird, so ist sie über die traditionelle Hierarchie (Aktenschrank, Ordner, Dokument), wieder auffindbar. Ist die Information bearbeitet worden (z. B. Beantwortung einer Anfrage), so können diese Informationen durch codierte Informationen (z. B. Text des Antwortschreibens) ergänzt werden.[31]

Der typische Arbeitsablauf von Workflow- und Dokumenten-Managementsystemen soll nun in nachfolgender Abbildung erläutert werden.

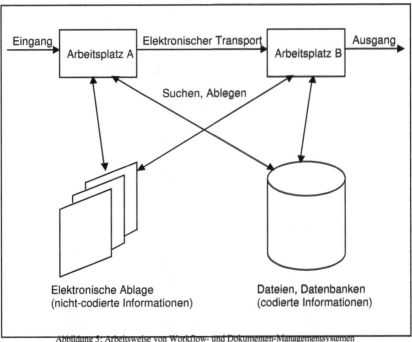

Abbildung 5: Arbeitsweise von Workflow- und Dokumenten-Managementsystemen
[Quelle: Stahlknecht / Hasenkamp: Einführung in die Wirtschaftinformatik, S. 456]

Dokumenten-Managementsysteme werden vor allen Dingen bei Behörden, Banken und Versicherungen eingesetzt.

Kriterien für die Einrichtung und Konfiguration sind:

- die Menge der zu archivierenden Dokumente.

- die Zugriffshäufigkeit auf die Dokumente.

---

[31] Vgl. Stahlknecht / Hasenkamp: Einführung in die Wirtschaftsinformatik, 1997, S. 455.

- die Häufigkeit und der Umfang der Ergänzungen bzw. Änderungen bei den Dokumenten.

Unter Berücksichtigung dieser Kriterien werden folgende Systeme unterschieden:

- Archivsysteme: keine Änderungen, seltener Zugriff, Aufbewahrungsfristen oft gesetzlich geregelt.

- Vorgangsbearbeitungssysteme: gelegentliche Änderungen oder Ergänzungen, häufiger Zugriff.

- Sicherungssysteme: keine Änderungen, Zugriff nur im Notfall.

Die elektronische Archivierung muß bei Wirtschaftlichkeitsbetrachtungen der klassischen Mikroverfilmung gegenübergestellt werden. Die größten Vorteile und Nutzenpotentiale liegen in der Verkürzung oder dem Wegfall von Kopier-, Such-, Transport- und Verfilmungszeiten sowie der Einsparung von Personal (Archivverwalter) und Archivräumen. Durch Scannen können auch Mikrofilm-Archive nachträglich noch elektronisch archiviert werden.[32]

5. Abschließendes

Die letzten Jahre haben gerade durch die rasante Internet-Entwicklung viele Neuerungen in die computergestützte Gruppenarbeit gebracht. Es ist aber davon auszugehen, das hierbei noch nicht annähernd die „Spitze des Eisbergs" erreicht wurde. Immer schnellere und bessere Hard- und Softwarelösungen lassen uns erahnen, wohin der Weg führen wird. Wer hätte vor 10 Jahren gedacht, daß das Internet einen solchen Stellenwert in unserer Arbeitswelt einnehmen würde. Eine Firma die heute nicht über einen Internetanschluß verfügt, gilt schon als „nicht up to date". In den nächsten Jahren wird sich zeigen, welche neuen Technologien und vor allen Dingen, welche Branchen und Märkte sich im Internet durchsetzen werden und welche nicht. Bleibt abzuwarten, welche Überraschungen die „Online-Welt" noch für uns bereit hält!

---

[32] Vgl. Stahlknecht / Hasenkamp: Einführung in die Wirtschaftsinformatik, 1997, S. 456.

BEI GRIN MACHT SICH IHR WISSEN BEZAHLT

- Wir veröffentlichen Ihre Hausarbeit,
  Bachelor- und Masterarbeit

- Ihr eigenes eBook und Buch -
  weltweit in allen wichtigen Shops

- Verdienen Sie an jedem Verkauf

Jetzt bei www.GRIN.com hochladen
und kostenlos publizieren